Bibliografische Information der Deutschen Nationalbibliothek:

Die Deutsche Bibliothek verzeichnet diese Publikation in der Deutschen National-
bibliografie; detaillierte bibliografische Daten sind im Internet über http://dnb.d-
nb.de/ abrufbar.

Impressum:

Copyright © 2016 GRIN Verlag, Open Publishing GmbH
Druck und Bindung: Books on Demand GmbH, Norderstedt Germany
ISBN: 9783668299696

Dieses Buch bei GRIN:

http://www.grin.com/de/e-book/335166/die-entstehung-von-darknets-und-der-
zugang-zu-den-anonymen-netzwerken

Alexander Weikert

Die Entstehung von Darknets und der Zugang zu den anonymen Netzwerken

GRIN Verlag

GRIN - Your knowledge has value

Der GRIN Verlag publiziert seit 1998 wissenschaftliche Arbeiten von Studenten, Hochschullehrern und anderen Akademikern als eBook und gedrucktes Buch. Die Verlagswebsite www.grin.com ist die ideale Plattform zur Veröffentlichung von Hausarbeiten, Abschlussarbeiten, wissenschaftlichen Aufsätzen, Dissertationen und Fachbüchern.

Besuchen Sie uns im Internet:

http://www.grin.com/

http://www.facebook.com/grincom

http://www.twitter.com/grin_com

1. Einleitung

In einer Zeit, in der rund 80%[1] der Deutschen das Internet nutzen und alltägliche Dinge wie das Kaufen von Produkten, Lesen von Zeitungen und Kommunikation mit Freunden online erledigen, wird die Anonymität im „world wide Web" oftmals in Frage gestellt. Foren und Websites beschäftigen sich tagtäglich mit der Frage, wie man im Internet spurenlos surfen kann. Anonymität gibt dem Nutzer Sicherheit und das Thema „Vorratsdatenspeicherung" ist sehr umstritten. Doch was die meisten der Internetnutzer nicht wissen, ist, dass das Internet, so wie wir es kennen, nur einen Bruchteil der vernetzten und globalisierten Welt ausmacht.

In dieser Seminararbeit sollen die Begriffe Deep Web und vor allem das Darknet näher gebracht werden. Die Komplexität des zu Deutsch „Schattennetztes" soll veranschaulicht werden und dem Leser somit Vor- und Nachteile nachvollziehbar dargelegt werden. Diese Arbeit stützt sich in erster Linie auf die Differenzierung der schon genannten Begriffe, auf deren Entstehung sowie im Hauptteil auf den Zugang in ein Darknet. Hierfür wird eine Schritt-für-Schritt Anleitung vorgelegt, welche der Leser gegebenenfalls auch befolgen kann und sich so seinen eigenen Zugang in die Parallelwelt des Internets erstellen kann. Es soll gezeigt werden, wie einfach es ist, in diese komplett anonymisierte Welt einzutauchen.

Über die verschiedensten Möglichkeiten, die sich durch Darknets ergeben, soll nur am Rande informiert werden, da vor allem die vielseitigen, oftmals illegalen, Geschäftsmöglichkeiten zu komplex für diese Arbeit wären.

---

[1] (Statista, 2016)

2. Internet, Deep Web und Darknet – die Unterschiede

2.1   Das Internet

Das Internet dürfte im 21. Jahrhundert zwar schon jedem ein Begriff sein, jedoch ist wohl nicht allen geläufig, wie dieses außerordentliche „Menschenabenteuer"[2] überhaupt entstanden ist und wo die Ursprünge dieses technologischen Fortschritts liegen. Die Geschichte des Internets beleuchtet die Fähigkeit der Menschen, über institutionelle vorgegebene Ziele hinaus zu gehen, bürokratische Hindernisse zu überwinden, etablierte Werte in einem Prozess zu hinterfragen, durch den eine neue Welt im Entstehen ist. Sie stützt auch die Annahme, dass Kooperation und Informationsfreiheit der Innovation zuträglicher sind als Konkurrenz und Eigentumsrechte.[3] Diese Art Geschichte soll hier aber gar nicht weiter erzählt werden, vielmehr geht es um die technologischen Meilensteine, die dieses Netzwerk geschaffen haben. Angefangen bei der Vernetzung von mehreren US-amerikanischen Forschungseinrichtungen durch das US-Verteidigungsministerium wurde das sogenannte ARPA-NET 1969 ins Leben gerufen. Vier Jahre später dehnte sich das Netzwerk schon international aus; Knotenpunkte entstehen in Norwegen und England. Durch die Entwicklung des Übertragungssteuerungsprotokolls TCP 1974 nahm das Internet allmählich Gestalt an, denn nun konnten User aus unterschiedlichen Netzen miteinander kommunizieren. Nach dem Markteintritt des ersten Personal Computer 5150 stellt IBM die Weichen für ein Internet, so wie wir es heute kennen und zwei Jahre später, 1983, wird in Deutschland schon die erste E-Mail empfangen. Erst 1990 wird ARPA-NET kommerziell freigegeben und machte damit den Weg für weitere Entwicklungsschritte frei. So wurden in den folgenden 15 Jahren Unternehmen wie Google, Facebook, Amazon und viele weitere Giganten gegründet, Apple brachte das Iphone auf den Markt, um somit das Zeitalter des mobilen Internets einzuleiten.[4]

---

[2] (Castells, 2005, S. 19)
[3] (Castells, 2005, S. 20)
[4] (Tele2, 2016)

Um die Masse der rund eine Milliarde[5] bestehenden Internetseiten zu überblicken, unterstützen Suchmaschinenbetreiber wie google, yahoo, oder bing den Nutzer bei der gezielten Suche nach Themen via Schlagwörter. Die Suchmaschinen überblicken dabei jedoch lediglich die sogenannten „indizierten Websites". Dies bezeichnet Seiten, die von einer Suchmaschine in den Datenbestand (Index) aufgenommen wurden. Die Indexierung (oft auch "Indizierung") einer Webseite ist die Grundvoraussetzung, dass diese Seite überhaupt in einer Suchmaschine gefunden werden kann.[6] Die Summe dieser indizierten Seiten wird demzufolge als das Internet oder auch „Surface"-, „Clear"-, oder „Visible"-Web verstanden.

2.2 Das Deep Web

Im Gegensatz zum Internet, oder besser Surface Web, sind Seiten des Deep Web nicht indiziert und können somit nicht vom Nutzer gefunden werden. Das zu Deutsch „unsichtbare Internet" wird auf mindestens 500mal größer als das zugängliche, sichtbare, indizierte Internet geschätzt.[7] Die Erfassung von Inhalten durch Suchmaschinen kann aus verschiedenen Gründen scheitern: Inhalte sind für Suchmaschinen explizit gesperrt, sind nicht verlinkt, befinden sich in Datenbanken oder bestehen aus nicht erfassbaren Dateitypen.[8]

Das Deep Web, oder auch Hidden Web genannt, kann nach Sherman & Price (2001) in fünf Teilen unterschieden werden: „Opaque Web" (undurchsichtiges Web), „Private Web" (privates Web), „Proprietary Web" (Eigentümer-Web), „Invisible Web" (unsichtbares Web) und „Truly invisible Web" (tatsächlich unsichtbares Web).[9]

Das **Opaque Web** (engl. opaque zu dt.: undurchsichtig) sind Webseiten, die indexiert werden könnten, zurzeit aber aus Gründen der technischen Leistungsfähigkeit oder Aufwand-Nutzen-Relation nicht indexiert werden (Suchtiefe, Besuchsfrequenz). Suchmaschinen berücksichtigen nicht alle Verzeichnisebenen und Unterseiten einer

---

[5] (Statista, 2016)
[6] (Lexikon-Suchpotimierung, 2016)
[7] (Weilenmann, 2012)
[8] (Lexikon-Suchoptimierung, 2016)
[9] (Sherman & Price, 2001)

Website. Beim Erfassen von Webseiten steuern Webcrawler über Links zu den folgenden Webseiten. Webcrawler selbst können nicht navigieren, sich sogar in tiefen Verzeichnisstrukturen verlaufen, Seiten nicht erfassen und nicht zurück zur Startseite finden. Aus diesem Grund berücksichtigen Suchmaschinen oft höchstens fünf oder sechs Verzeichnisebenen. Umfangreiche und somit relevante Dokumente können in tieferen Hierarchieebenen liegen und wegen der beschränkten Erschließungstiefe von Suchmaschinen nicht gefunden werden. Dazu kommen Dateiformate, die nur teilweise erfasst werden können (zum Beispiel PDF-Dateien, Google indexiert nur einen Teil einer PDF-Datei und stellt den Inhalt als HTML zur Verfügung). Es besteht eine Abhängigkeit von der Häufigkeit der Indexierung einer Webseite (täglich, monatlich). Außerdem sind ständig aktualisierte Datenbestände, wie Online-Messdaten, betroffen. Webseiten ohne Hyperlinks oder Navigationssystem, unverlinkte Webseiten, Einsiedler-URLs oder Orphan-Seiten (orphan engl. für Waise) fallen ebenfalls darunter.

Das **Private Web** beschreibt Webseiten, die indexiert werden könnten, aber auf Grund von Zugangsbeschränkungen des Webmasters nicht indexiert werden. Dies können Webseiten im Intranet (interne Webseiten) sein, aber auch passwortgeschützte Daten (Registrierung und evtl. Passwort und Login), Zugang nur für bestimmte IP-Adressen, Schutz vor einer Indexierung durch den Robots Exclusion Standard oder Schutz vor einer Indexierung durch die Meta-Tag-Werte noindex, nofollow und noimageindex im Quelltext der Webseite.

Mit **Proprietary Web** sind Webseiten gemeint, die ebenfalls indexiert werden könnten, allerdings nur nach Anerkennung einer Nutzungsbedingung oder durch die Eingabe eines Passwortes zugänglich sind (kostenlos oder kostenpflichtig). Derartige Webseiten sind üblicherweise erst nach einer Identifizierung (Webbasierte Fachdatenbanken) abrufbar.

Unter das **Invisible Web** fallen Webseiten, die rein technisch gesehen indexiert werden könnten, jedoch aus kaufmännischen oder strategischen Gründen nicht indexiert werden – wie zum Beispiel Datenbanken mit einem Webformular.

Mit **Truly Invisible Web** werden Webseiten bezeichnet, die aus technischen Gründen (noch) nicht indexiert werden können. Das können Datenbankformate sein, die vor dem WWW entstanden sind (einige Hosts), Dokumente, die nicht direkt im Browser angezeigt werden können, Nicht-Standardformate (zum Beispiel Flash), genauso wie Dateiformate, die aufgrund ihrer Komplexität nicht erfasst werden können (Grafikformate). Dazu kommen komprimierte Daten oder Webseiten, die nur über eine Benutzernavigation, die Grafiken (Image Maps) oder Skripte (Frames) benutzt, zu bedienen sind. [10]

Oftmals wird in Artikeln, auf Internetseiten oder manchmal sogar in der Literatur „Deep Web" als Synonym für „Darknet" benutzt. Weshalb diese Gleichstellung nicht korrekt ist, sollte dem Leser im Anschluss des Kapitels 2 klar ersichtlich sein.

Zusammenfassend lässt sich sagen, dass das Visible Web indiziert und das Deep Web nicht indiziert ist, woraus folgt, dass alles, was der Nutzer im Netz mit Suchmaschinen finden kann, nur einen Bruchteil an Datenmengen darstellt. Ähnlich wie bei einem Eisberg sieht man also nur die Spitze und kann die Größe, welche noch in der Tiefe verborgen liegt, nur erahnen (siehe Abbildung 1).

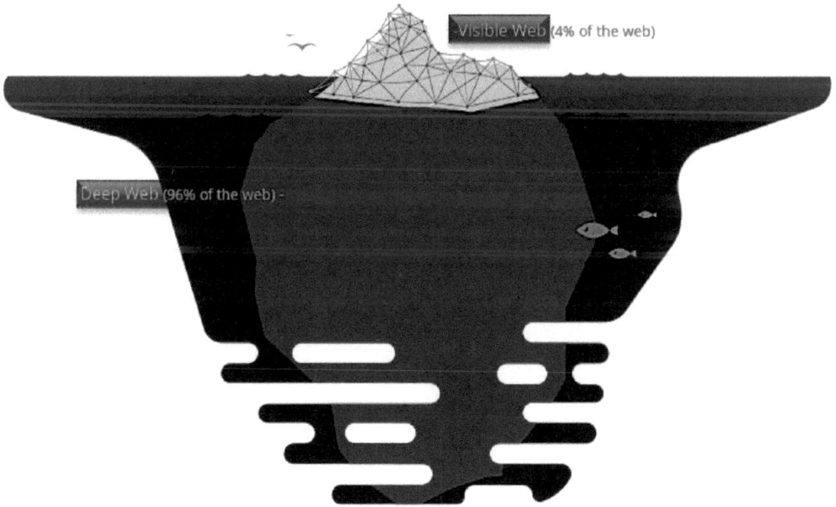

Abbildung 1: Visible Web vs. Deep Web

2.3 Das Darknet

2.3.1 Definition und Begriffbildung

Das Darknet oder auch auch Dark-, bzw. Hidden Web ist nicht nur nicht indiziert, sondern ist einem potenziellen Nutzer versperrt und nicht ohne spezielle Software zugänglich (vgl. Tabelle 1).[11] Das Darknet entspricht also einem kleinen Teil des Deep Webs, auch wenn beide Begriffe oftmals fälschlicherweise synonym gebraucht werden.[12]

Der Begriff Darknet wird also sowohl für ein einzelnes privates Netzwerk verwendet, als auch für einen Sammelabschnitt des Internet-Adressraums, der in dieser Art konfiguriert wurde. Technisch ist das Darknet eine Variante eines Virtual Private Networks (VPN), das um zusätzliche Maßnahmen erweitert wird, um sicherzustellen, dass das Netzwerk und die IP-Adressen der Mitglieder nicht entdeckt werden. Das Ziel ist nicht nur, die Kommunikation als solche zu verbergen, sondern generell die Tatsache, dass Informationen ausgetauscht werden. Die Mitglieder nutzen es mit der Erwartung, dass sie Informationen und/oder Dateien teilen können und dabei nur ein geringes Risiko besteht, entdeckt zu werden. Beispiele für populäre Darknets sind Tor (The Onion Router), Freenet und I2P. Solche Netzwerke arbeiten typischerweise dezentral und leiten den Datenverkehr durch ein weit verteiltes System von Servern, die oftmals von Freiwilligen zur Verfügung gestellt werden. Dieses komplexe System der Datenverteilung macht es schwer, die Kommunikation zu überwachen.[13]

---

[11] (Egan, 2015)
[12] (Greenberg, 2014)
[13] (Rouse, 2014)

Tabelle 1: Surface-, Deep- und Dark Web

Internet **Deep Web** Dark Web	Indiziert	Nicht indiziert
Nicht zugänglich	-	Dark Web
Zugänglich	Internet	**Deep Web**

2.3.2   Nutzen

Thematisch spezialisierte Darknets werden meistens für illegales Filesharing genutzt. Dabei handelt es sich meist um die Verbreitung von urheberrechtlich geschützten Inhalten, raubkopierter Software, Schadsoftware und illegaler Inhalte, wie zum Beispiel Kinderpornografie. Ein weiterer Zweck von Darknets kann es sein, einen Raum für private Kommunikation zur Verfügung zu stellen, wenn öffentliche Kommunikation nicht erwünscht, gefährlich oder nicht erlaubt ist. Dies war zum Beispiel der Fall, als das Mubarak-Regime in Ägypten das komplette Internet im Land abschaltete und politische Dissidenten das Darknet Tor nutzten, um weiterhin mit der Welt kommunizieren zu können.[14]

Darknets werden auch zum Testen der Netzwerksicherheit verwendet. Der Administrator reserviert einen Abschnitt eines ungenutzten IP-Adressen-Segments für das Darknet und konfiguriert einen Dienst zur Netzwerküberwachung, um jeglichen Datenverkehr zu ermitteln, der auf eine IP-Adresse in diesem Netzwerkbereich zuzugreifen versucht. Da keine legitimen Systeme auf dem Darknet laufen, stammt jeder Datenverkehr mit einer Zieladresse innerhalb dieses Netzes von

---

[14] (Rouse, 2014)

einem bösartigen oder falsch konfigurierten System. Darknets sind besonders nützlich darin, Systeme zu erkennen, die durch Würmer oder andere schädliche Software infiziert sind, und die versuchen, sich im Netzwerk zu verbreiten. Trotz aller Vorsichtsmaßnahmen kann ein Darknet niemals vollkommen sicher vor der Entdeckung sein. Im Oktober 2011 ist zum Beispiel die Hacker-Gruppe Anonymous in das Tor-Darknet eingedrungen, um einen Hoster von Webseiten namens Freedom Hosting vom Netz zu nehmen, da dieser über 40 Webseiten mit Kinderpornografie beherbergte.[15]

3. Der Weg ins Hidden Web

3.1 Die verschiedenen Darknets

3.1.1 Tor

Abbildung 2: Logo des Tor-Browsers

Das Prinzip von Tor basiert darauf, dass Daten über mehrere hintereinander geschaltete Proxy-Server gesendet werden, anstatt sie direkt an den Empfänger zu übermitteln. Wichtig ist, dass keiner der Proxy-Server eine gleichzeitige Kenntnis über den Sender und den Empfänger der Daten hat. Tor wird häufig für herkömmliches Web-Browsing verwendet, kann aber auch für Instant Messaging, SSH, IRC, E-Mail, Filesharing und andere Internetdienste eingesetzt werden. Das Tor-Netzwerk funktioniert auf Basis von freiwilligen Teilnehmern. Jeder Nutzer hat die Möglichkeit, seinen eigenen Rechner auch als Proxy-Server im Tor-Netz anzubieten. Auf diese Weise wird die Datenlast aufgeteilt, wodurch eine kostenlose Bereitstellung des Tor-Dienstes möglich ist. Um das Tor-Netzwerk zu nutzen, wird ein Client auf dem PC des Nutzers installiert, der sich mit dem Tor-Netzwerk verbindet. Die dazugehörige graphische Benutzeroberfläche Vidalia ist nützlich für die Steuerung und Konfiguration des Tor-Clients. Mit dem Programm können zum Beispiel die Aktivität im Netzwerk überwacht und Log-Dateien verwaltet werden.

---

[15] (Rouse, 2014)

Zudem ermöglicht es Vidalia, die Lage der Tor-Server geographisch darzustellen und den Weg des eigenen Datenverkehrs innerhalb des Tor-Netzwerkes nachzuvollziehen. Unerfahrene Benutzer sollten sich das Tor Browser Bundle installieren. Die IP-Adressen werden durch Tor sehr sicher verschlüsselt, sodass es beinahe nicht möglich ist, den Internet-Nutzer anhand seiner IP-Adresse zu identifizieren. Eine Sicherheitslücke entsteht jedoch dadurch, dass jeder Tor-Nutzer die Möglichkeit hat, selbst einen Proxy-Server im Netzwerk bereitzustellen. Denn dies trifft auch auf Angreifer zu, deren Ziel es ist, die übertragenen Daten abzuhören. Es ist demnach besonders wichtig, nur Daten zu übertragen, die durch SSL oder HTTPS zusätzlich verschlüsselt sind. Allerdings gibt es auch technische Möglichkeiten, die eine SSL-Entschlüsselung erlauben, sodass eine hundertprozentige Sicherheit nicht garantiert werden kann.[16]

3.1.2   Freenet

Abbildung 3: Logo Freenet

Das P2P-Netzwerk ist zwar verschlüsselt, die IP-Adressen der Teilnehmer können zumindest in dem halb öffentlichen Bereich, auch Opennet genannt, aber recht leicht erfasst werden. Deshalb gibt es in Freenet noch einen privaten Bereich. Dieses Darknet kann nur auf Einladung betreten werden. Das Angebot des Anonymisierungsnetzwerks Freenet - nicht zu verwechseln mit dem gleichnamigen Telekommunikationsunternehmen Freenet AG - dürfte so manchem unbedarften Surfer die Schamesröte ins Gesicht treiben. Teilweise sind die Inhalte sogar illegal. Bereits in der Präambel wird darauf hingewiesen: Bei Freenet gilt die Meinungsfreiheit als oberstes Gut. Es wird in Kauf genommen, dass die Freiheit auch missbraucht werden kann. Prinzipiell ist Freenet ein großer verteilter Datenbestand. Die Inhalte werden in kleine Datenhappen aufgeteilt und landen verschlüsselt bei jedem Teilnehmer auf dem Rechner. Entsprechend müssen Anwender bei der Einrichtung dem Netzwerk einen Teil ihres Datenspeichers zur Verfügung stellen. Die Idee dahinter ist, dass niemand für die jeweiligen Daten zur Verantwortung

---

[16] (anonymsurfen)

gezogen werden kann, selbst wenn sie entschlüsselt werden, da sie von jedem im Netzwerk stammen könnten. Die meisten Inhalte sind aber längst nicht immer und oft sogar nicht mehr verfügbar, auch wenn die rudimentäre Suchmaschine des P2P-Netzwerks sie anzeigt.[17]

Um sich mit Freenet zu verbinden, wird die IP-Adresse mindestens eines Teilnehmers benötigt. Während im Opennet eine solche Liste mit den sogenannten Seednodes allen zur Verfügung steht, erfolgt eine Verbindung in das Darknet nur auf Einladung. Es gibt auch kein einzelnes Darknet, sondern eine Vielzahl von Darknets, in denen sich Teilnehmer treffen, die sich gegenseitig vertrauen. Zugänge werden über öffentliche Schlüssel miteinander geteilt. Dort ist die Anonymität wohl am stärksten gewährleistet. Beim Einstieg in Freenet verbindet sich der Rechner mit einem variablen Netz aus weiteren Teilnehmern. Jeder Teilnehmer ist demnach ein Knoten in dem Netzwerk. Es gibt keine klare Server-Client-Struktur, denn jeder Knoten kann Daten bereitstellen oder nur als Zwischenstation für die Übertragung von Daten an andere Teilnehmer dienen. Weil ein Knoten seine unmittelbaren Nachbarn kennt, könnten Angreifer dort die IP-Adressen abschöpfen. Zensurbehörden etwa könnten dann die Adressen der Teilnehmer in ihrem eigenen Land sperren lassen. Auch deshalb wurde 2008 mit Version 0.7 das Darknet eingeführt. Damit hochgeladene Inhalte anderen zur Verfügung stehen, müssen deren Schlüssel publiziert werden. Entweder der Schlüssel wird nur vertrauten Personen gegeben, etwa über die IRC-Kanäle oder per E-Mail oder die Betreiber der Freenet-Portale werden informiert, die ihn dann dort veröffentlichen. Die Daten selbst werden als Content Hash Key (CHK) gespeichert. Sie sind quasi die URLs im Freenet. CHK verwendet SHA-256, um ein Hash eines Dokuments zu generieren. Darin werden nicht nur Teile eines Dokuments gespeichert, sondern auch die Informationen, die benötigt werden, um das gesamte Dokument zusammenzufügen und zu entschlüsseln. Jede Veränderung am CHK durch Dritte wird von den Knoten registriert. Zudem sorgen CHKs dafür, dass es keine Redundanz gibt, denn wird eine identische Datei ins Freenet geladen, erhält sie den gleichen CHK. Zusätzlich gibt es noch die Signed Subspace Keys (SSK). Sie sorgen für eine schnellere Suche nach

---

[17] (Thoma, 2015)

Dateien im Freenet. SSKs dienen der Verwaltung der Dateien im Freenet. In ihnen wird üblicherweise nicht der Inhalt der Datei, sondern ein Verweis auf die CHK gespeichert. Aus einer Kombination des Schlüssels einer SSK und der ID des jeweiligen Knotens entsteht eine Zuordnung zu diesem Knoten. SSKs bestehen aus einem privaten und einem öffentlichen Schlüssel sowie einer gehashten Beschreibung. Die Datei kann über den öffentlichen Schlüssel und die Beschreibung aufgespürt werden. Nur wer den privaten Schlüssel besitzt, kann die Datei später verändern, auf die die SSK weist. Die aktualisierte Datei ist später über dieselbe SSK auffindbar, die stattdessen aber der neue CHK und somit die veränderte Datei enthält. Mit verschiedenen Plugins lässt sich Freenet aber nicht nur als Datenspeicher und somit als ein reines P2P-Netzwerk nutzen. Über die APIs des Freenet Client Protocol (FCP) lassen sich weitere Anwendungen erstellen, die Freenet nutzen können. So gibt es beispielsweise Foren (FMS), Microblogging-Dienste (Sone) oder Chat-Programme (FLIP), die nachgerüstet werden können.[18]

3.1.3   I2P

I2P

Abbildung 4: Logo I2P

I2P ist im Gegensatz zu Tor ein geschlossenes P2P-Netzwerk. Das heißt: Daten werden nicht durchgeschleust und an öffentliche Server weitergegeben, sondern nur an Adressen innerhalb des I2P-Netzwerks. Das können beispielsweise anonyme Blogs oder Webseiten sein, sogenannte Eepsites. Mit Jetty lässt sich ein speziell für I2P konfigurierter Webserver aufsetzen. Aber auch herkömmliche Webserver wie Nginx oder Apache lassen sich zur Nutzung mit I2P einrichten. Mit El Dorado und JAMWiki lassen sich anonyme Blogs aufsetzen und wer ein anonymes Forum betreiben will, kann zwischen den Anwendungen Pebble, phpBB und Syndie wählen. I2P unterstützt aber neben HTTP auch weitere Kommunikationsprotokolle, etwa E-Mail, XMPP oder IRC. Innerhalb des I2P-Netzwerks wird HTTPs aber nicht verwendet, da Daten ohnehin verschlüsselt werden. Für populäre Datentauschprotokolle wie Bittorrent gibt es vorkonfigurierte Clients wie I2PRufus, I2PSnark oder Transmission for I2P. Für das Instant Messaging

---

[18] (Thoma, 2015)

gibt es den I2P Messenger. Bei der Nutzung von IRC-Clients warnen die I2P-Entwickler, dass einige davon entlarvende Informationen an andere Clients oder Server weitergeben. Das I2P-Protokoll ist zwar so konfiguriert, dass es Daten wie interne IP-Adressen oder Rechnernamen herausfiltert. Ein vollständiger Schutz sei das aber nicht. Die beiden IRC-Protokolle DCC (Direct Client-to-Client) und CTCP (Client-To-Client Protocol) werden nahezu vollständig blockiert, weil sie nicht genügend anonymisiert werden können. Mit Postman und I2P-Bote gibt es anonymisierte E-Mail-Dienste im i2P-Netzwerk. Postman lässt sich sowohl im I2P-Netzwerk über @mail.i2p-Adressen als auch im offenen Internet über @12pmail.org-Adressen nutzen. Dabei dient Postman als Gateway zwischen den beiden Netzen. Mit Susimail gibt es einen Client, der direkt mit den Postman-Servern kommuniziert. Dort muss aber die E-Mail noch zusätzlich verschlüsselt werden. Auch E-Mail-Anwendungen wie Thunderbird oder Sylpheed Claws lassen sich mit Postman nutzen. Da sie anderweitig ihre Nutzer verraten können, wird von deren Verwendung aber abgeraten. Während Postman ein vollständiger E-Mail-Dienst samt Server ist, setzt I2P-Bote auf ein P2P-Netzwerk, in dem E-Mails in Distributed Hash Tables gespeichert werden. Es gibt dort also keinen zentralen E-Mail-Server. Und eine Nutzung außerhalb des I2P-Netzwerks ist nicht vorgesehen. I2P-Bote filtert die Header-Informationen in E-Mails auf das Notwendigste herunter und verschlüsselt auch diese mit.[19]

Was die Sicherheit und Zensurresistenz betrifft, ist I2P sogar sicherer als Tor. Beide bieten zwar eine Ende-zu-Ende-Verschlüsselung zu Adressen innerhalb ihres Netzwerks, I2P hat aber den kleinen Vorteil, dass es ein vollkommen dezentrales Netzwerk ist, während Tor einen zentralen Directory Server pflegen muss. Allerdings muss dann dem Client mindestens eine Adresse innerhalb des Netzes bereits bekannt sein. Diese werden auf verschiedenen Servern als Listen publiziert und von der I2P-Software beim Start abgefragt.

Gegen sogenannte Timing-Angriffe, die Nutzer im Tor-Netzwerk deanonymisieren können, schützt sich das I2P-Netzwerk, indem es Datenpakete in unidirektionalen Tunneln versendet. Anfragen nehmen also nie den gleichen Weg durch das Netz wie

---

[19] (Thoma, Golem, 2015)

Antworten. Daher können Angreifer kaum eine Korrelation zwischen ein- und ausgehenden Daten herstellen. Allerdings müssen Daten dabei mehrere Kontenpunkte durchlaufen. Das erhöht die Wahrscheinlichkeit, dass einer davon einem Angreifer gehört. Daher kann ein Angriff über Korrelation auch hier nicht ganz ausgeschlossen werden. Das Garlic-Routing erschwert diesen Angriff aber erheblich. Ein 2011 beschriebener Angriff, bei dem die Identität einzelner Eepsites über HTTP aufgedeckt wurde, ist inzwischen nicht mehr möglich. Dafür wurde beispielsweise die Anzahl der Tunnel, über die die Daten weitergeleitet werden, auf drei erhöht.[20]

Zusammenfassend lässt sich also sagen, dass man durch ein „Abtauchen" ins Internet auf Seiten stoßen kann, die dem Deep Web zuzuordnen sind. Um jedoch in einem Darknet surfen zu können verlangt es mehr als das Verlassen von indizierten Websites: Ein Zugang muss geschaffen werden und im Falle von I2P muss sogar ein bestehender Nutzer gekannt werden um Zugang zu bekommen. Die unterschiedlichen Begriffe Internet, Deep Web und Dark Web sollten dem Leser nun bekannt und deren Abgrenzung und Definition ersichtlich sein (siehe Abbildung 5)

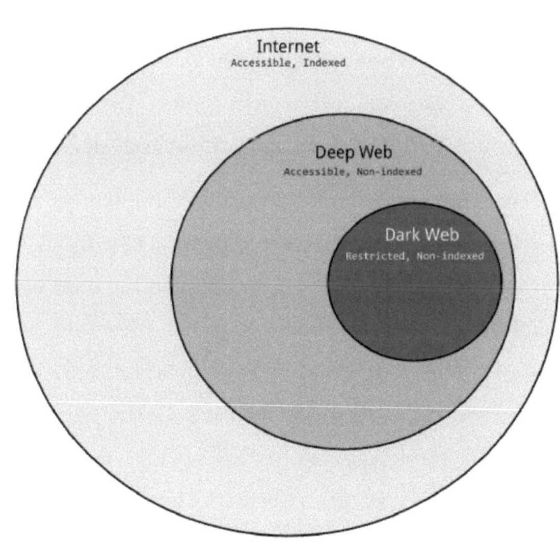

Abbildung 5: Abgrenzung Internet, Deep web und Dark web

---

[20] (Thoma, Golem, 2015)

3.2 Zugang

3.2.1 Einrichtung des Tor-Browsers

3.2.1.1 Tails

Um in das Tor Netzwerk einzutreten ist es ratsam, einige Schritte zu unternehmen um einer 100%igen Anonymität nahe zu kommen. Das Projekt Tor arbeitet eng mit TAILS zusammen. TAILS ist die Kurzform für „the amnestic incognito live system".

Abbildung 6: Logo Tails

Es ist ein Live-Betriebssystem, das darauf ausgerichtet ist, die Privatsphäre und Anonymität zu bewahren. Es hilft dabei, das Internet so gut wie überall und von jedem Computer aus anonym zu nutzen, ohne dabei Spuren zu hinterlassen. Tails ist ein vollständiges Betriebssystem, das direkt von einer DVD, einem USB-Stick oder einer SD-Karte aus genutzt wird, unabhängig von dem auf dem Computer installierten Betriebssystem. Tails ist Freie Software und basiert auf Debian GNU/Linux. Es beinhaltet verschiedene Programme, die im Hinblick auf die Sicherheit vorkonfiguriert wurden: einen Webbrowser, einen Instant-Messaging-Client, ein E-Mail-Programm, ein Office-Paket, einen Bild- und Audioeditor etc.

Die Benutzung von Tails auf einem Computer verändert weder das installierte Betriebssystem, noch ist es von diesem abhängig. Es kann also gleichermaßen auf dem eigenen Computer, dem eines Freundes, oder einem Computer der örtlichen Bibliothek verwenden werden. Nachdem man Tails heruntergeladen hat, kann der Computer wie gehabt mit seinem üblichen Betriebssystem starten. Tails ist so konfiguriert, nicht die Festplatten des Computers zu benutzen, auch dann nicht, wenn Auslagerungsspeicher (swap space) zur Verfügung steht. Der einzige von Tails genutzte Speicher ist der Arbeitsspeicher (RAM), der automatisch gelöscht wird, sobald der Computer herunterfährt.[21]

---

[21] (Tails, 2016)

Im Betriebssystem Tails wird, neben vieler anderer Software, auch der Tor-Browser mitinstalliert. Dieser auf Mozilla Firefox basierende Browser bietet wie bereits in 3.1.1 beschrieben die Möglichkeit im Tor-Netzwerk zu surfen. Die URLs dieses Netzwerkes enden für gewöhnlich auf „.onion" und sind nicht von normalen Webbrowsern zu erreichen. Edward Snowden verwendete Tails um im Juni 2013 Informationen über PRISM an die Washington Post und The Guardian zu senden.[22].

Zum Installieren des Betriebssystems werden zwei USB-Sticks mit einer Mindestgröße von jeweils 4 GB benötigt, da es derzeit nicht möglich ist, Tails direkt von Windows, aus zu installieren, benötigt diese Vorgehensweise ein zwischenzeitliches Tails auf einem zweiten USB-Stick. Diesem zwischenzeitlichen Tails fehlen wichtige Sicherheits- und Bedienungsfunktionen.

Alle Daten des Sticks sollten unbedingt gesichert werden, da sie durch die Installation verloren gehen. Tails benötigt einen Prozessor, der auf der x86-Architektur basiert. Deshalb läuft es auf den meisten gängigen IBM-PC-kompatiblen Computern (z. B. Windows-PCs), aber nicht auf PowerPC- oder ARM-Rechnern. Mac-Computer sind seit 2006 auch kompatibel zu IBM-PCs. Mindestens 2 GB RAM sollte der PC vorweisen, um Tails flüssig ausführen zu können.[23]

3.2.1.2 Installation

I.   Den USB-Stick am Computer anschließen.

II.   Unter folgenden Link den Universal USB Installer herunterladen: https://git-tails.immerda.ch/uui-binary/plain/Universal-USB-Installer.exe

III.   Wenn die Sicherheitswarnung von Windows erscheint, bestätigen, dass man das Programm ausführen möchte.

---

[22] (Daserste.de, 2013)
[23] (Tails, 2016)

IV. Lizenzvereinbarung lesen und durch Anklicken von *I Agree* fortfahren, um den Universal USB Installer zu starten.

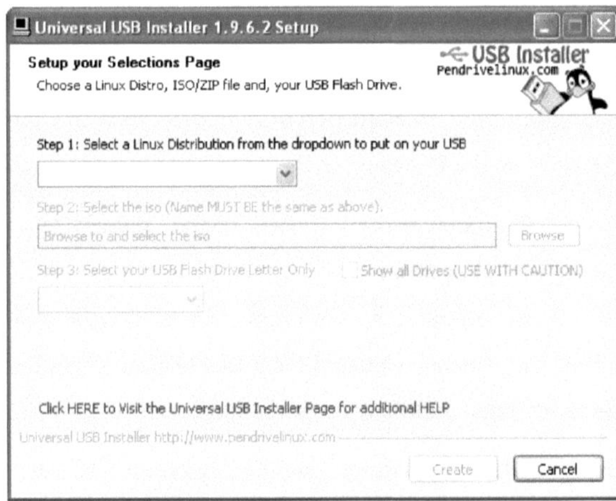

Abbildung 7: Screenshot des Universal USB Installers

V. Auswählen von Tails aus der Dropdown-Liste

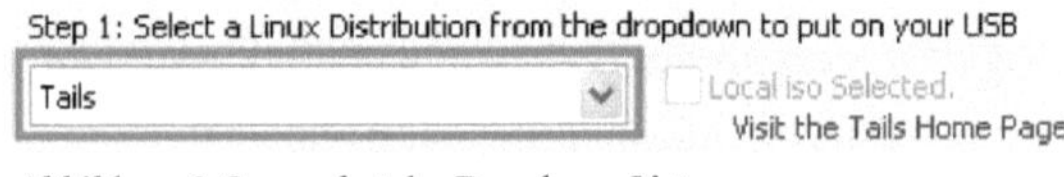

Abbildung 8: Screenshot der Dropdown-Liste

VI. Auf *Browse* klicken und das zuvor heruntergeladene ISO-Image auswählen.

VII. Auswahl des USB-Sticks, auf dem das ISO-Image installiert werden soll, via Dropdown-Liste.

VIII. Auswahl der Option *Format*.

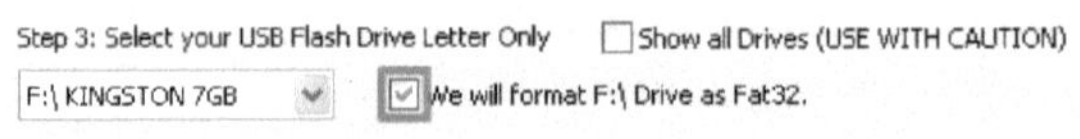

Abbildung 9: Screenshot der Formatierungsoption

IX. Auf *Create* klicken.

X. Es erscheint eine Warnung. Auf *Yes* klicken, um die Installation zu starten. Die Installation dauert einige Minuten.

XI. Nach Beendigung der Installation, auf *Close* klicken, um den Universal USB Installer zu schließen.

Nun hat man auf dem USB-Stick ein sogenannten Intermediary Tails, also ein Tails,
welches sich noch in der Zwischenphase befindet. Um fortfahren zu können muss
der Rechner nun neugestartet werden und über den Intermediary Tails gebootet
werden.

I.   Den Rechner neustarten

II.   Beim Erscheinen des Menüs Boot Tails Live auswählen und Enter drücken

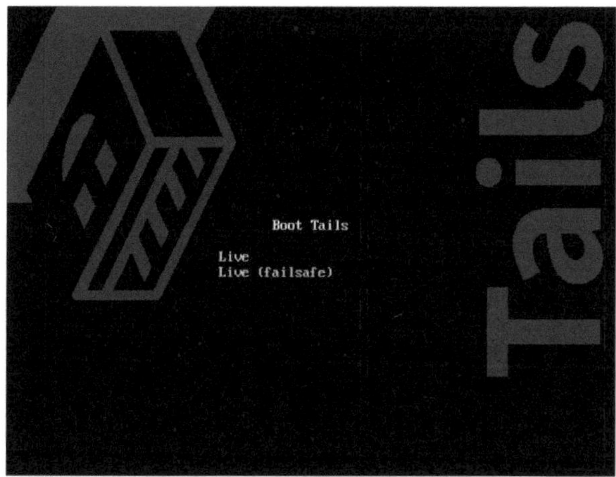

Abbildung 10: Screenshot des Menüs "Boot Tails"

III.   Nach 30–60 Sekunden erscheint eine andere Bildschirmansicht, die Tails
        Greeter genannt wird.

IV.   Auswählen der bevorzugten Sprache in der Dropdown-Liste im linken unteren Bildschirmbereich und Bestätigung durch Klicken auf *Login*.

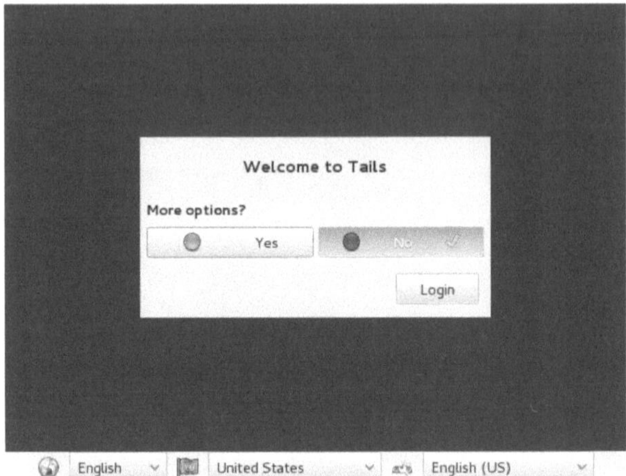

Abbildung 11: Screenshot des Menüs "Tails Greeter"

V.   Nach 15–30 Sekunden erscheint der Tails Desktop.

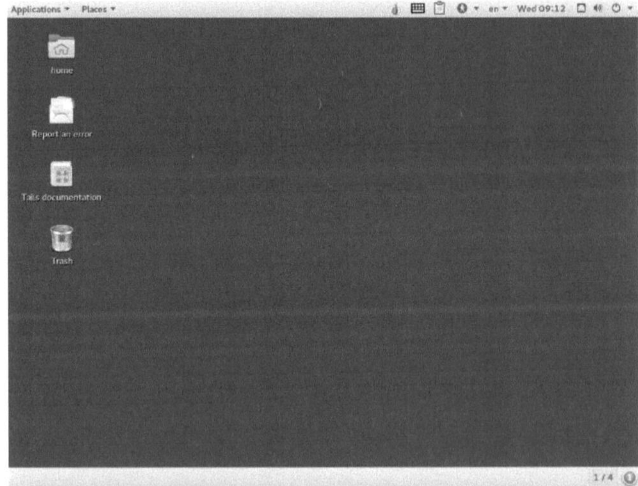

Abbildung 12: Screenshot des Tail Desktops

In den nachfolgenden Schritten wird das endgültige Tails auf den zweiten USB-Stick installiert.

I.   Anschließen des zweiten USB-Sticks.

II. Anwählen von *Anwendungen ▸ Tails ▸ Tails Installer* um den Tails Installer zu starten.

III. Klicken auf die Schaltfläche *Install by cloning*.

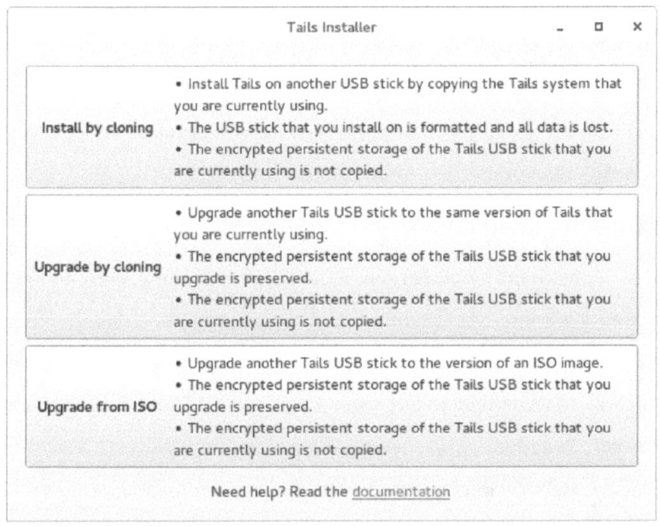

Abbildung 13: Screenshot des Tails Installers

IV. Auf *Durchsuchen* klicken und Auswählen des ISO-Images, das zuvor heruntergeladen wurde.

V.   Auswahl des zweiten USB-Sticks in der Dropdown-Liste Target Device.

VI. Bestätigung durch Klicken auf die Schaltfläche *Install Tails*, um die Installation zu starten.

VII. Lesen der Warnmeldung im Bestätigungsfenster. Klicken auf *Yes*, um sie zu bestätigen.

VIII. Schließen des Tails Installers nach Beendigung der Installation

Es wurde nun das finale Tails auf den zweiten USB-Stick installiert. Nun ist es dem Nutzer möglich den PC im Tails-Betriebssystem hochzufahren und den Tor-Browser zu nutzen.

3.2.2   Risiken und Schwachstellen

Tails schützt nicht vor kompromittierter Hardware

Wenn der Computer von einer Person mit physikalischem Zugriff kompromittiert wurde und Hardware installiert wurde, der nicht vertraut werden kann (beispielsweise ein Keylogger), könnte es unsicher sein, Tails zu benutzen.

Tails schützt nicht vor BIOS- oder Firmware-Angriffen

Es ist auch unmöglich für Tails, vor Angriffen zu schützen, die durch das BIOS oder andere, in den Computer eingebettete Firmware, durchgeführt werden. Diese werden nicht direkt durch das Betriebssystem verwaltet oder bereitgestellt und kein Betriebssystem kann vor solchen Angriffen schützen.

Tor-Ausgangsrelais können Verbindungen abhören

Tor soll den Aufenthaltsort verbergen, nicht die Verbindung verschlüsseln. Anstatt einen direkten Weg von der Quelle zum Ziel zu nehmen, verlaufen Verbindungen über das Tor-Netzwerk auf einem zufälligen Weg über mehrere Tor-Relais, sodass kein Beobachter an irgendeinem Ort sagen kann, wo die Daten herkamen oder wohin sie übertragen werden. Das letzte Relais einer solchen Verbindung, das Ausgangsrelais, stellt die eigentliche Verbindung zu dem Zielserver her. Da Tor die Daten zwischen Ausgangsrelais und Zielserver nicht verschlüsselt und konzeptionell dazu auch gar nicht in der Lage ist, kann jedes Ausgangsrelais jeden beliebigen durch ihn hindurch geleiteten Datenverkehr aufzeichnen.

Tails macht sichtbar, dass man Tor und möglicherweise Tails verwendet

Der Internet Service Provider (ISP) oder die Person, die das lokale Netzwerk administriert, kann sehen, dass sich der Rechner zu einem Tor-Relais und nicht beispielsweise zu einem normalen Web-Server verbindet. Demnach lässt einen die Verwendung von Tails nicht wie ein zufälliger Internetnutzer aussehen. Die Anonymität durch Tor und Tails funktioniert durch den Versuch, alle ihre Nutzer gleich aussehen zu lassen und so eine Unterscheidung wer wer ist, unmöglich zu machen.

Man-in-the-Middle-Angriffe

Ein Man-in-the-Middle-Angriff (MITM) ist eine Form eines aktiven Angriffs auf ein Rechnernetz, bei dem die Angreifenden jeweils unabhängige Verbindungen zwischen den Opfern herstellen und die Nachrichten zwischen ihnen weiterleiten. Die Angreifenden täuschen den Opfern eine direkte Verbindung vor, kontrollieren aber selbst die gesamte Konversation. Bei der Verwendung von Tor sind Man-in-the-Middle-Angriffe immer noch zwischen Ausgangsrelais und Zielserver möglich. Zudem kann das Ausgangsrelais selbst als Mittelsmann agieren (siehe Abbildung 14)

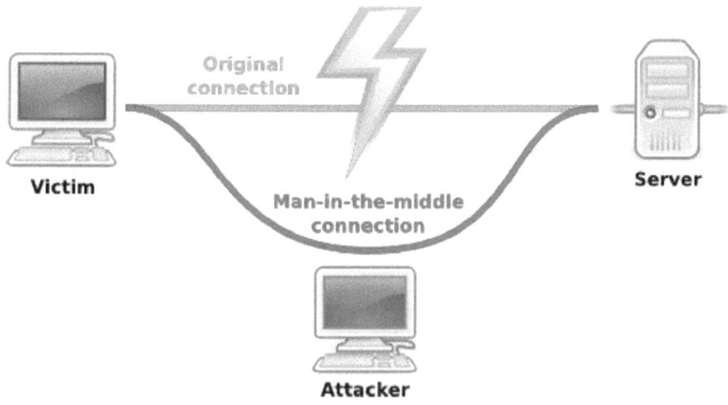

Abbildung 14: "Man-in-the-Middle"-Angriff

Bestätigungsangriffe

Bei dem Konzept von Tor geht es nicht um den Schutz vor Angreifern, die sowohl in das Tor-Netz hineingehende, als auch daraus ausgehende übertragene Daten sehen oder messen können. Daher kann man bei Kenntnis beider Datenflüsse durch einfache Wahrscheinlichkeitsrechnung entscheiden, ob sie zusammenpassen. Dies ist auch möglich, wenn der ISP (oder Administrator des lokalen Netzwerks) und der ISP des Zielservers (oder der Zielserver selbst) bei einem Angriff gegen den Nutzer zusammenarbeitet. Tor soll dort vor Datenflussanalyse zu schützen, wo Angreifende herausfinden wollen, wer auszuforschen ist. Aber Tor kann nicht vor Datenflussbestätigung (auch bekannt als Ende-zu-Ende Korrelation) schützen, bei der Angreifende durch Beobachten der richtigen Stellen im Netzwerk und anschließender mathematischer Auswertung, eine Annahme zu bestätigen versuchen.

Tails verschlüsselt Dokumente standardmäßig nicht

Standardmäßig werden Dokumente, die möglicherweise auf einem Datenträger gespeichert sind, nicht kodiert, außer im verschlüsselten beständigen Speicherbereich. Allerdings enthält Tails Werkzeuge zum Verschlüsseln von Dokumenten, wie GnuPG, oder Datenträgern, wie LUKS.

4. Fazit

Durch den medialen Hype des Darknets Tor wurde in letzter Zeit ein oft sehr negatives und kriminelles Bild dieses Netzwerkes erschaffen, auch wenn ein Großteil keine genaue Vorstellung von diesem „Parallel-Internet" hatte. Die Brisanz und vor allem auch die Komplexität dieses Themas sollten dem Leser nun etwas nachvollziehbarer sein. Da es nicht nur ein Darknet gibt, sondern mehrere; da Darknet nicht gleich Deep Web ist und da diese Netzwerke zwar oftmals mit krimineller Energie betrieben werden, jedoch auch vielen Menschen eine Möglichkeit geben unzensierte Informationen zu bekommen und diese auch verbreiten zu können, kann man diese Netzwerke nicht als „das Böse" abstempeln. Alleine die Tatsache, dass Edward Snowden, sowie Wiki Leaks Tor nutzten um sich Gehör zu verschaffen und Ihre Informationen in die Welt zu bringen, muss einem klar machen, dass es um weit mehr geht als Waffen, Drogen und pornografische Inhalte. In einer Zeit, in der der Mensch als gläserner Kunde gesehen wird und persönliche Daten teuer gehandelt werden, sehnen sich immer mehr nach Anonymität. Durch die Anleitung in dieser Arbeit wird es nun jedem möglich sein sich einen Zugang selbst einzurichten und sich somit ein Stück weit vor Zensur und Datenspionage zu schützen.

5. Literaturverzeichnis

Daserste.de. (30. 06 2013). Abgerufen am 13. 04 2013 von http://www.daserste.de/information/wissen-kultur/ttt/sendung/br/20130630-ttt-darknet-102.html

Lexikon-Suchoptimierung. (2016). Abgerufen am 10. April 2016 von http://www.lexikon-suchmaschinenoptimierung.de/invisible-Web.htm

Lexikon-Suchpotimierung. (2016). Abgerufen am 10. April 2016 von Indizierte Webseiten: http://www.lexikon-suchmaschinenoptimierung.de/indizierte-Webseiten.htm

Statista. (2016). Abgerufen am 10. April 2016 von Entwicklung der Internetnutzung: http://de.statista.com/statistik/daten/studie/13070/umfrage/entwicklung-der-internetnutzung-in-deutschland-seit-2001/

Statista. (2016). Abgerufen am 10. April 2016 von Anzahl der Webseiten weltweit: http://de.statista.com/statistik/daten/studie/290274/umfrage/anzahl-der-Webseiten-weltweit/

Tails. (21. 03 2016). Abgerufen am 08. 05 2016 von https://tails.boum.org/about/index.de.html

Tele2. (2016). Abgerufen am 10. April 2016 von Tele2: https://shop.tele2.de/Gut-zu-wissen/Digitale-Welt/Geschichte-des-Internets

anonymsurfen. (kein Datum). Abgerufen am 20. April 2016 von http://www.anonymsurfen.eu/tor-oder-vpn/

Castells, M. (2005). *Die Internet-Galaxie.* München: Springer-Verlag.

Egan, M. (12. Juni 2015). *PcAdvisor.* Abgerufen am 20. April 2016 von http://www.pcadvisor.co.uk/how-to/internet/what-is-dark-Web-how-access-dark-Web-deep-joc-3593569/

Greenberg, A. (19 . November 2014). *Wired.* Abgerufen am 20. April 2016 von http://www.wired.com/2014/11/hacker-lexicon-whats-dark-Web/

Ralf, S., & Klaus, W. (2004). *Peer-to-Peer-Networking & -Computing*. Heidelberg: Springer.

Rouse, M. (Dezember 2014). *searchsecurity*. Abgerufen am 20. April 2016 von http://www.searchsecurity.de/definition/Darknet

Sherman, C., & Price, G. (2001). *The Invisible Web: Finding Hidden Internet Resources Search Engines Can't See*. Medford: Cyberage Books.

Tails. (11. 02 2016). *Tails*. Abgerufen am 08. 05 2016 von https://tails.boum.org/doc/about/requirements/index.de.html

Thoma, J. (25. Februar 2015). *Golem*. Abgerufen am 20. April 2016 von http://www.golem.de/news/freenet-das-anonyme-netzwerk-mit-der-schmuddelecke-1502-112577-2.html

Thoma, J. (12. Februar 2015). *Golem*. Abgerufen am 20. April 2016 von http://www.golem.de/news/invisible-internet-project-das-alternative-tor-ins-darknet-1502-112316-2.html

Weilenmann, A.-K. (2012). *Fachspezifische Internetrecherche*. Berlin: Walter de Gruyter.